AF862439

पश्चिम की हवाएँ

By

Jasvinder Singh

© Copyright 2025 Jasvinder Singh. All rights reserved.

It is illegal to reproduce, duplicate or transmit any part of this document in either electronic means or printed format. Recording of this publication is strictly prohibited.

About the Author

मेरा नाम जसविंदर सिंह है।
मैं 1990 के दशक में भारत से इंग्लैंड आया था,
और तब से यहीं रह रहा हूँ।
मैं विवाहित हूँ और मेरी एक बेटी है,
जिसने हमेशा मुझे जीवन को एक नये दृष्टिकोण से देखने की प्रेरणा दी है।

इंग्लैंड की प्रकृति, इसकी तरोताज़ा कर देने वाली हवा,
और यहाँ की सुसंस्कृत व्यवस्था
ने मुझे कविता लिखने के लिए प्रेरित किया।

ये कविताएँ मैंने अपने जीवन के विभिन्न चरणों में लिखीं–
जब प्रकृति ने मेरे हृदय को छुआ
और शब्दों ने कविता का रूप ले लिया।
2014 में बीमार पड़ने के बाद
मेरी जीवन प्राथमिकताएँ बदल गईं,
लेकिन ये कविताएँ मेरे मन के एक कोने में
सुरक्षित बनी रहीं।

अब, कई वर्षों बाद,
मैं उन अनुभवों और प्रेरणाओं को
आप सबके साथ बाँट रहा हूँ

पश्चिम की हवाएँ'
के माध्यम से।

Contents

Chapter 1

Hindi Poems

1. शीत ऋतु

उत्तरी ध्रुव के इंग देश में शीत ऋतु है आयी,
पात बिन ठाड़े वृक्ष लगत सूखे काठ की न्यायी।

पवन दिशा उतरारी चलत है हिमपात होत अति भारी,
कैलाश मनोहर दृश्य भयो है खण्ड-खण्ड भयी शवेत चादर सारी।

शिव का दर्शन शाक्षात भयो हे शांत भयी है प्रकर्ति सारी,
पात बिछोना ढको हिम से करे कलोल पंछी नर नारी।

पूरनमास की अर्ध रात्रि में धरा भयी रूपा रूपानी,
मनोहर दृश्य वृक्ष भरोखे झांको शशि अति आकर्षाणि।

श्वांस-श्वांस तन मन भयो प्रफुलित नाहि बाछे खाध पानी,
अति स्वच्छ सुन्दर प्रक्रति में भयी कृपा माँ साक्षात भवानी।

2. देश भक्ति

दुवार धायो पावन को सुख शांति,
जीवन उरझायो है लिपटे अति भ्रांत।

जो देखि संगत पंगत मन आयो ठहराव,
गुरु ग्रंथ को दरस भयो नाहि रहे कोऊ घाव।

मन एक बैठो कियो जब साध के संग,
कीरतन भयो आलोकिक उतर गयो सब जंग।

बढ़भागो भाग अति भयो जब रागिन कथा सुनाई,
हरि कीर्ति गई रागन में, चीर हिय तल कथा बैठाई।

नाहि भेद गरु दुवारे बैकुण्ठ अकथ कथा जह गुरु की बताई,
धन्य वह वीर जह रक्त देश की भांति नीर बहाई।

धर्म उत्तम वही जह कर दिखायो जह मन नहीं बदलाई,
हूँ वार जाहुँ उन वीरन को जिन शास्त्रन की पेज बचाई।

नाहि शब्द अकथ कथा कहन को जहू बसों सदा प्रेम,
हृदय नाहि जो भेद करे गुरू मंदिर के नेम।

जेह अभागो पम्पी और का बतावे नाहि अब कोई बात,
पढ लेहो सब प्रेम सहित् रहे न कोई झंझावात।

3. बसतं

मंद पवन के झोके से हिल रही फूलो की डाली
इंग देश के दक्षिण में बसंत ऋतु आयी मतवाली

लाल गुलाबी पीले नीले पुष्प खिले रंगीले
काला पंक्षी बैठो डार पर गावे गीत सूरीले

कपोत जोड़ा करे कलोल कुसुम लता की डार
काली तत नीली तत फुदके, जल पंक्षी भरे दीर्घ उडार

सजीव प्रक्रति में भानू प्रिय, भये है सब प्राणी
प्रेम बिछोना बिछो ह्रिदय में, प्रत्यक्ष दर्शन सारंगपाणी

पुष्प लताओं से भरी धरा भयो आलौकिक सभे श्रृंगार
राधा सी प्रकृति निहारे इकटक कब आवेगे कृष्ण मुरार

4. बावरी

दीखत है बुझी सी पर मन लगत उल्लास
जाने कौन आवत है मन में धरे मिठास

सर गठरिया थकी हारी सी
तीक्षण नयन दूधिया दंतयारी

आयी प्रिया बड़ी कठिन डगर से
शत-शत वार पग थिरके डग से

कुसुम सी परी बाहो में आन
नाहि कछु अपनों सब अपनों जान

टेर परी कहाँ विलम्भ भयो
सात कोस का एह घरयो

वो मिलन की बेला जब सिमरत
कम्पन अधर और नयन लज़्ज़त

अंग-अंग हिलोर मन वेग तरंग

मन तरुण, अंतर ह्दय बसंत

कटे न इक क्षण मन सहस उठ धावे

उड़चल देस प्रितम के एह ऋतु फेर न आवे

5. पतझड़

उत्तरी ध्रुव के दक्षिण इंगखण्ड का करू बखियान

जलपक्षी जहाँ निडर होये गावें पाती पाती बिखरी खेत खलियान

काग भांति पलक झपके पंछी नीत करे कलोल

प्रकृति जावत नीत पीत पंछी बोले सुन्दर बोल

हरियाली लुप्त भये दिन प्रतिदिन ऋतु है ऐसी आयी

जल पक्षी खेले जल मे इठरावे मेगपाई

इंगखण्ड के दक्षिण का द्रश्य पतजड़ मोहे ऐसे भावे

वृक्ष धरा पर ठाड़े ऐसे पीत पीताम्बर पावे।

6. प्रेम

प्रेम अनोखा देखयो एक मित्र में
दिन शुक्रवार सुदी चौथ सँध्या समय में
दूरभाष सम्पर्क भयों न्योता ग्रह पठायो
हरिपाल हरि सयों उतरे गृह आन लिवायो
मन चाऊ घनेरा देखयो, सभी परिवार मिल बैठायो
अनिक व्यंजन भांति भांति पेय कक्ष सम्पूर्ण पकवान बनायो
गूढ़ चर्चा भयी प्रभू की नहिं भेद कऊ हरि को पयो
भयो कीर्तन अलौकिक गृह में मृदंग जह हरिपाल बजायो
सन्ताने खेले मिल बूझे पहेली कौन अवतार लीला है न्यारी
दह गुरु अवतार, राम अवतार, प्रेम लीला रची द्वापर मुरारी
समय सफल जीवन भयो प्रेम बसयो हृदय सब संग
सह सम्मान गृह छोड़न आये, नाहि मेल कहो जह प्रेम प्रसंग।

7. कामिनी

नदिया मे तीर धरे मन की आस
मन अधीर, तड़पे जीया, बुझे न प्यास
ऐसे में इक पथिक पथ पर
पग थामे देखे इक टक
कौन है इक बावरी?
अप्सरा सी कोई मोहिनी!
पूँछू की ना ? बाँधे आदर्श
पग ना रुके पाने को स्पर्श
मन ब्यकुल पूछन को इक बात
पग थिरके, मन में झनझाँवात।
काहे री तू एह वेस बनायो ?
तेजवंती काहे तेरो तेज अधिकायो
छूअन की करी तो नाचे मोर
कामदेव जैसे खिचे रति की ओर
अन्त भयी वो दीर्घ प्रतिक्षा
पूरन भई प्रेम की भीक्षा

टुटे ना बन्धन छुटे ना छोर

अब नाहि कछु और अब नाहि कछु और ___

8. प्रगति

द्रष्टिमान भयी भारत अलौकिक कथा
विद्या वृक्ष पनपत अति सुन्दर व्यथा
विद्यार्थी बिसरत गोलार्ध यथा जथा
सदी इक्कीस आरम्भिक अनूठी गाथा

कोटि जन शक्ति संचार मन उल्लास
वैज्ञानिक ब्रहम मस्तिष अति प्रगति प्यास
चतुर दिशा नव स्फूर्ति आधुनिक विलास
दंग खण्ड खण्ड पृथ्वी देख तीव्र विकास

नवीन स्थल, नव पर्यटन आधुनिक शोभा
हरित प्रदेश, सुन्दर मार्ग इक नया अजूबा
दैवी कृपा चतुर्र दिशा मुख आध्यात्मिक आभा
कर्ण धुन वेनु कृष्ण, जाये रूपी पुलकित राधा

वण्ज गन्तव्य प्राचीन केन्द्र केवल भारत

समान द्रिष्टि अभिनन्दन जह समे जातरक

भारत अमर गाथा असीमित अनन्त
इति राष्ट्र नामकरण भरत पुत्र दुष्यन्त।

9. ग़ज़ल

तेरी वो भोली सूरत जब आँखों में उतरे
अतीत की यादें जब मन से गुजरें
बस इक बार देना दिदार
न जाने तू कब आयेगी

आज भी जब उस गली से जाऊँ
तेरी अठखेली अदा झरोखे मे पाऊं
गूंजे स्वर सबर कर सावरिया
मै इक दिन आऊँगी

तू न मानी जब मैंने था कहा
पकड़ा होता हाथ यही था असली पल्ला
इस कदर अब है उम्मीद
यह गजल सुन तू चली आयेगी।

10. साराह

वो कौन है _ _ _?

वृक्ष बोले समीप आने दो

पंछी बोले जाने भी दो

इतने में इक गूँजा स्वर

आकाश वाणी भयी उस पथिक पर

पथिक कैसी _ _ _ _ कोई है रानी

शीत ऋतु लगन लगी सुहानी

मीठे स्वर आकाश से यूँ गुनगुनाये

आज है मिलन की बेला जो इस पथिक को रिझाये

ये तो वही है _ _ _!

सुन्दर श्वेत तेज मुखडा, सागर नील नयन

नाम है इसका साराह अति छरछरा बदन

छटकट केश, लहराये ऐसे, मन थिर न रहाये

नवखण्ड राज, स्वर्ग अति सूक्ष्म यदि मिल जाये

तृणवत काया, पगहील, सुन्दर सुनहरी बाल

भीने वक्ष, तीक्षण नक्ष, गाल लाल गुलाल

कहाँ थी तू _ _ _?

मै न तेरी बनू दुल्हनिया

तू है अनारी सर धरे पगड़िया

का भयो जो यूँ तू मोहे चाहे

मै तो चाहो जो मोहे भावे

11. नहीं नहीं नहीं ___

न कर मनमानी मर जाहो ठोर

तोहे बतावे जो धरे सिर मोर

जो है प्रेम रसिक मन बसिया -तेसो प्रेम मोहे मन बसिया

सुन्दर पगड़ी सुन्दर काले केश

भयो जग दीवानो जाके तले शेष

कौन है वो ___?

पर लेहो भागवत मथ दर्शन पावो

जीवन भये युगल पर श्री गीता गावो

पूछो सखियन जो गावें दिन रैण

वाट फोर्ड में ठाडो लिए मधुर बैन

प्रीत उर, संग न छोड़ो, नाहीं मन विकार

मत कर प्रेम ठिठोला, प्रेम जगत का सार।

12. मनचली

केश भरे हिना गाल लेप श्वेत क्षार
बैठी ऐसी चुलबुली अंतर धरे खार
भोर भयी भगड़त करत नाही स्नेह
पिया संग करे मन ठन सखी संग नेह
दुई-दुई घंटा बाज न आवे करत टर टर
जैसे मूँह में बर्फी परे लपके फोन पर
लल्ली तड़पट खावन को कहू न राखत बार
दूध फल कह दूर को पड़े धना धन मार
तैसे में पति घर आयो संग सभी बैठायो
शास्त्रन को ज्ञान, भरत सावित्री की कथा बैठ सुनायो
देवते, गंधर्व, संत साधो तह भयो सम्मान
प्रभु चल सखियन संग आये, उतरो ग्रह विमान
टूट गयी सब झूठी मिथ्या टूटो सब अभिमान
रूप ऐसे नीखरो जैसे सोमलता की शान
स्वर्ग धर अन्तर नाही जीवन भयो निहाल
ग्रह लक्ष्मी, उत्तम चरित्र, पल पल सिमरित लाल

13. भार्या

प्रकृति श्याम सुन्दर अति भावन बनाई
धरा, आकाश, सुन्दर वृक्ष निज देत दोहाई
तोहे सी न मृग नयनी शशि मुख कहूँ देखि
वड भागे भाग सीता सीयूं भार्या मिलवाई।

14. पतझड़

उत्तरी ध्रुव के दक्षिण इंगखण्ड का करू बखियान
जलपक्षी जहाँ निडर होये गावें पाती पाती बिखरी खेत खलियान

काग भांति पलक झपके पंछी नीत करे कलोल
प्रकृति जावत नीत पीत पंछी बोले सुन्दर बोल
हरियाली लुप्त भये दिन प्रतिदिन ऋतु है ऐसी आयी
जल पक्षी खेले जल मे इठरावे मेगपाई
इंगखण्ड के दक्षिण का द्रश्य पतजड़ मोहे ऐसे भावे

वृक्ष धरा पर ठाड़े ऐसे पीत पितम्बर पावे।

15. मनचली

केश भरे हिना गाल लेप श्वेत क्षार
बैठी ऐसी चुलबुली अंतर धरे खार
भोर भयी भगड़त करत नाही स्नेह
पिया संग करे मन ठन सखी संग नेह
दुई–दुई घंटा बाज न आवे करत टर टर
जैसे मूँह में बर्फी परे लपटे फोन पर
लल्ली तड़पट खावन को कहू न राखत बार
दूध फल कह दूर को पड़े धना धन मार
तैसे में पति घर आयो संग सभी बैठायो
शास्त्रन को ज्ञान, भरत सावित्री की कथा बैठ सुनायो
देवते, गंधर्व, संत साधो तह भयो सम्मान
प्रभु चल सखियन संग आये, उतरो ग्रह विमान
टूट गयी सब झूठी मिथ्या टूटो सब अभिमान
रूप ऐसे नीखरो जैसे सोमलता की शान
स्वर्ग धर अन्तर नाही जीवन भयो निहाल
ग्रह लक्ष्मी, उत्तम चरित्र, पल पल सिमरित लाल

16. तड़पन

कितनी बहारे गयी पर तू न आयी
पूनम गयी बसंत गयी ग्रीष्म गयी
पर तू न आयी
पतझड़ भी गया
जिसमे तूने ऐसा तड़पाया
अब प्रतीक्षा है शीत की
अपनी प्रिय प्रीत की
यदि अब तू न आयी
तो तेरी मै करवा दूँगा सगाई
फिर सारा जीवन कहना मुझको भाई।

17. सुन्दरी

अति सुन्दर अति कोमल छवि तेरी प्रिया
कोह रे तू आवे न जब तड़पे जीया
मीन सी तेरी काया सुन्दर तेरे नयन
कर्ण में लटके लटकनिया, नक नथन
ग्रीष्म की ऋतु साजन को तरसे
मन अंतर नाये मोर जब मेघ बरसे
ऐसे में तन मन आधीर अपनी प्रिया को
आ जा रे आ जा रे_ _ _काल न कटे पल को-

18. चन्द्रोदय

चंद्रोदय का दृश्य निहारूँ मन की गद-गद वेला
अति रमणीक उद्यान में था मै खड़ा अकेला
वृक्षण की झांकी चन्द्र निहारूँ तीर लताये बेला
मांग लेहूँ कछु प्रकटो विचार नहीं प्रश्न दुहेला
प्रथमः मांगो भक्ति, द्वितीय स्वस्थ्य, तृतीय शांति सुहेला
चतुर्थ न रहो कछु माँगन को नाही अब कुछ छुपेला
साक्षात देखू कृष्ण चन्द्र में अद्‌भुत भयी जह लीला
जह-जह छिटके चंद चाँदनी तह-तह बाजे बेनु सुरीला

19. अर्ध चन्द्र

अर्ध रात्रि में अर्ध चन्द्र की छवि अति न्यारी
मंद पवन के झोके से हर्ष हिय उर धारी
चकवा ढूंढे चकवी को जाये बैठे डारी-डारी
अर्ध रात्रि में अर्ध चन्द्र की छवि अति न्यारी
मोर पपीहा कोहू कूके छुप्त उड़े बड़े पंखारी
नक्षत्र टिमटिमाये ऐसे नृत्य करे झनकारी
अर्ध रात्रि में अर्ध चन्द्र की छवि अति न्यारी
पुष्प लताये डोले हिल डुल सुगंधी अति गुणकारी
बीच सरोवर जल पंछी तैरे करे कलोल हंसी मतवारी
अर्ध रात्रि में अर्ध चन्द्र की छवि अति न्यारी
बाजू डाले बाजू में रात्रि भ्रमण करे नर नारी
राधा सी प्रकृति निहारे इक टक अपने चन्द्र कृष्ण मुरारी
अर्ध रात्रि में अर्ध चन्द्र की छवि अति न्यारी

20. बाला

सुनी थी गाथा इक पुरातन प्रेम की
तन मन युगल मन आस लिये एक नेम की
चुने पुष्प उद्यान में नाम कहावे फूलमती
दूर देस राजकुमार आयो जाये बैठी संग अपने पति

आज की बाला लगावे फूल कहावे फूलमती
सोलह करे श्रृंगार बरन न आवे उसकी गति
नाही सुद बुद कोऊ संस्कार ढूंढे कामदेव के जैसी रति
कियो विवाह गंधर्व, तोड़े सभे संस्कार सभे मति

थी वह मन की बाला पायो राजकुमार
आज की फूलमती गवायो सभी न रहे संस्कार
न रहो कछु न रहो तेज, पावे सभे धिक्कार
बस एक ही उपाय आज कौ, लाज राखे कृष्ण मुरार

21. विरहा

तिमिर धायो भयी प्रभात तेसा उत्तम तेरो जन्म
प्रेम बावरी दशा भयी मेरी, यही एको एक मेरा धर्म
अन्तर उर सनजोये स्वप्न रहो करत तेरी प्रतीक्षा
एक दिवस तू आएगी, अन्तर सदैव प्रभात नहीं निशा
कमल की भाँती काया तेरी अति सुन्दर तेरो रूप
जाने कौन देस को आवे तोहे, लिवाने कोई भूप
है हम पथिक प्रेम डगर के नाही कुछ अपने तीर
हौ भावै जो देहो सन्देशा सुनन को मन अति अधीर

22. समरिति

वन के झुरमुट में दो खग यूँ मुस्काये
कुसुम लता की डार पर दो पंछी ऐसे किलकिलाये
जैसे चाँदनी रात में चकोरी ने गीत गाये

प्रेम की इस झांकी में ऐसा था इक असीम आनन्द
कुछ याद न रहा उस क्षण सिवाये तेरे या
तेरा लभ चुम्बन
बस रह गया हृदय के तल में
बिखलाता है, कहता है
कब आयेगी तू, कब आयेगी तू _ _ _ _

23. मीत

सृष्टि के दूर अन्तराल में
एक नक्षत्र यूं चमका,

सौन्दर्य की दुनिया में एक चेहरा यूं दमका

जैसे कोयल की कूक ने जकड लिया हो चुपी को
जीवन के आँगन में पुष्पों की बहार आयी हो
तभी ह्दय में इक दामिनी दमकी
जिसके प्रकाश से तू उभरी
जब देखूं ह्दय का यह सुन्दर कक्ष
सदा के लिये छप गया तेरा नक्ष
जब द्दष्टि डालू तो तू ही, तू ही_ _ _ _
और तू, और तू, और तू कुछ नही _ _ _ _

24. बावरा

“घनघोर घटायें छायी लेकिन रहस्य ही रहा”
निशा भी झिलमिलायी
पर उत्तर न मिला गगन से ध्वनि आयी ओर कोई नही
तेरी प्रिया है

मेरी प्रिया
कौन कौन करता
तेरे सौन्दर्य में मग्न बिखलाता हुआ यू गिरा
मदहोश तेरे केशो में बधा
तड़पता तड़पता यू बचा
जैसे तूने हाथ थाम लिया हो
और फिर सपने अपने_ _ _ _

25. बेला

अति सुन्दर अति कोमल तू है दिन की रानी

काया तेरी छरछरी चेहरा नूरानी

पागल मन निहारे जब जब तुझको कटे न इक पल

उठे हृदय पिरा मिलन की मचे हल चल

जाने कब तू आयेगी

अंत जीवन की बेला बीतत जात है पल पल ढल ढल।

26. योवन

सुनहरे केश तेरे बल खाती तेरी चाल

चक्षु सात समुंदर अधर लालो लाल

कैसे न कोई गिर पड़े

योवन देख भारी, अति भये है निहाल

27. व्यथा

सावन मेघ गरजत प्रचण्ड ध्वनि धार बरखा
कामिनी जीया तरसे अमर संयोग आलौकिक कथा
आलिंगन पुकार क्षणिक अति व्यथित व्यथा
कामदेव रति मिलन की कटत नाहीं विरह दशा।

28. प्रीतम

तेज तरुण कोमल अंग अंग हृदय भावनी

प्रिया को तरसे, मन मिलन को धविनी

बरसे मेघ बिजली कड़के घटाये लगी छाने

चली मंद पवन उमड़े बादल मन तन लगी रिझाने

बबीहे कूके अपने पिया को पर आयी न मेरी प्रीतम

कोयल बोली बरसो गज बज जब तक न आवे मेरा साजन

29. अगन

हिम ऋतु अति शीत आयी कटे न दिन प्रिया के री
हिमपात को सहायी नाही मिलन की अग्न जले री
वृक्ष ठाड़े सदा इक टक नाही कोई उलाहनो हिम को
मन न रहाये इक क्षण कब प्रिया पावो तुमको।

30. उलाहना

असाड़ अमावस दिवस द्वितीये नवरात्रों
भयो अचम्भा देख गगन नाहि कोऊ मेघ
पवन पुर्वीया मस्त चली भानु दिखावे तेज
तापमान भयो सुखदायी हरियावल सभे खेत
अंतिम पड़ाव ग्रीष्म को पात भये तनिक पीत
शरद पूर्णिमा आस नीता नीत मन दिवस जावत नीत
राधा सी प्रकृति निहारे हर क्षण कब आवेगी मीत
भानु प्रिय भये सब प्राणी कब दिन जावत बीत

नाहि कबहू अभ्यास भयो आज भावे तरुवर छाया
मंद पवन छुये जब तन को खिली सब काया
देख आलौकि दृश्य आज को जही भती उसकी माया

इंग देश को सदा उलाहनो नाही लगत कबहूँ मेघ
भयो अचम्भौ देख गगन आज नाही कोऊ मेघ
असाड मास की अमावस रात्रि का भयो भौर सबे देत
पवन पुर्वीया मस्त चली जब भानू दिखावे तेज

Chapter 2

Punjabi Poems

मैंने यह पंजाबी कविता बस यूँ ही मज़ाकिया मूड में लिखी थी। यह कविता एक गंदे आदमी के बारे में है जो धीरे-धीरे बहुत सभ्य और सुसंस्कृत बन जाता है।

1. मखेरू

पद थुक नक डकार
आवन सारे वारो वार
पद दी बो नक दी शुड़क
बजे डकार ओ जाँदी भुड़क
आवाज जदों आवें थुक दी
थोबा सुन के कहंदी सुनो जी
मै नहीं रहना तुहाडे नाल
ए मेरी गठ्ठरी लई वे संभाल
वेख गठ्ठरी मैं पवाँ ओदे पैरी
न जा बलिये हूँ मैं सुनाँगा तेरी
पद जे मारा ते नहीं मैं गबरू
आन न देयाँ डकार हुन होजा रूबरू
नक थुक हुन हो गये ने पंखेरू
वेख तेरा आशिक खड़ा वे मखेरू

2. मेला

रुत बसंत विल बैसाखी दी हो गयी बले बल्ले
मार लिया परदेशाँ ने असी रह गये कले कले
धूम पंजाबिया दी वेखो चेहरेयां ते नूर
मेले विल अख टिक्की जद लबी तेरे जयी हूर

असी न कहंदे की बैसाखी दा सानू चा नहीं
तेरे वरगी नाल होवे ते सानू किसे दी परवाह नहीं
आजा बल्लीये असी रचा लयीये हुन व्याह भई
ले के गुरुवाँ दा नाँ वदिये जिन्दगी दा कोई साह नहीं।

3. फुलझड़ियाँ

बैसाखी मास दी लगीया वलेत बहाराँ

रंगले सूट सतरंगे दुपट्टे ने फिरादियां मुखियारां

गबरू पंजाबी मुंछ नू देंदे ताव कहंदे जट पंजाबी

दिल दे सभी सच्चे निभावंगे जे मिल जाये जीवन साथी I

4.

बसंत बहार मेनु लगे क्यों सूनी सूनी

खिड़े फुल डालियाँ ते लगन महक विहूने

रंग लाल गुलाबी नीले पीले मन न आवे चाह

पक्षी गावन गीत सुरीले मन न उपजे भाव

बीन प्रतम किव लगे सुहावना
नजर न आवे कुछ पल पल तकां तेरी राह

5.

एह न कदी ख्याल ले आयो कि तुहानो भुल गये

वक्त दा तकाजा कोई होवे न जांदे तुसी भुलाये

असी लड़ जाइये दुश्मना ते जे ओवी साडा रास्ता रोकन

छठी दा दुध पीया देवांगे जे बाधा बन के टोकन

असी तुहाडे हाँ रवांगे सदा सत जन्मा तक

आजा हुन बड़ी देर होई वे हो जाइये अस्सी हुन इक मिक

6.

सजनी ने क्यों सर कजया कि पत्ते वांगू गोले ने

जे पत्ता तेरी हिक ते अटके ये जन दुनिया विच रोले वे

आ घुट तेनू जफी पावा मन फुटन रंग दे गोले ने

मिलन दा वेला हुन नही ओ हुन दूर पत्ता पत्ता एह बोले वे

7.

सोनिये तेरी यादाँ विच दिन असी कड़े किवे
जे हिक ते हाथ रख कोई पुछे असी जीवे किवे
सानू वी तुसी मिलन दा ना कजया कदी वेला
असी हुन मर जाना एह जुदाई हुन मै किवे झेला
होली गयो हुन आयी दिवाली पर तुसी न आये
जे सानु प्यार करदे हो तो कह देयो असी हुने आये।

8.

अमावस दी हनेरी रात लगे बड़ी डरावनी
घुप घेर हनेर विच इक आस सुहावनी
मन दे दीपक दी लौ विच तू जद दिस्सी
मुखड़ा वेख होया पागल जड़ तू हससी

पवा बलेखे अज पूनया वे के मस्स्या
चन न लब्बा फेर अपने ते हस्स्या
लायी आस किदी जेडी बैठी मीलों दूर
आजा उठ के लग जा गल उडीकां अपनी हूर

9.

हुस्न तेरा निराला पत्ता पत्ता तेरे कदमा नू चुमें

आजा हुन तू छेती आ जा बीत गया है बहुत समें

लैला मंजनू जे अपरो तकन याद करन ओ अपने लमहे

जद जद तेरा ख्याल आवे मन अव्तर वगल प्रेम सोमे।

10.

अस्सी सोने तुसी सोने सोहना जग संसार

प्रेम अनोखा साड़ा, विरला साडा प्यार

इक सन्देश लोंका नू

मिलदियाँ खुशियाँ सारियां जिथे होवे इकरार

एह घर इक सोहना मंदिर होंदी रोज पूजा

न लेना न देना किसेदा न कोई काम दूजा

सोहनी सृष्टि संसार एह

नीरस, अशांत जीवन, जह हृदय प्रेम विहूजा।

11.

अस्सी वेलै तुसी वेलै वैलियां दा सारा एह संसार

न अस्सी लड़दे न झगडदे प्रेम साडा सादा आधार

जे मै रहवाँ तुहाडे कौल ता जिन्दगी लगदी बड़ी सुहान्वनी

जे वड जा चार दिवारी ते काया जांदी भयी हैरानी

तुसी गांदे गीत सुरीले नाले करदे सदा कलोल

तुहानू वेख मेरा मन विगसावे अन्दर वजे राग हिडोल

जे मै पुछाँ रब किथे वसदा तुसी कहंदे साडे कौल

मै जा भज हुन सबनू दसदा जो लभदे रब पन्ने परोल

दरखंता दी शान तुस्सी जो मेरे मन नू सदा ही भावदे

बैंदे ना टिक इक डार तुस्सी बेंन्दे फेर उड़ उड़ जांदे

करो बिनय रब नू अज सारे मेरे बी लगजन खंब दो अज

12.

मै उड़ उड़ सारे जग नू दसां यारो छड़ो अपनी मत

छड़ो चार दिवारी करिये सारे कुदरत विच बसेरा

होर न कोई उपाय लभना जियू दूर होवे कलयुग दा अनेरा।।

13.

सोहने जवान मुंडे गबरू देंदे मुंछा नू वट

जे कोई मुटियार खिड खिड हस्से सपने समाये अन्दर झट

भोली सूरत अन्दरो सच्चे नहीं समझदे किसे तो घट

जे आवे गल अनख दी सेर-आम ओ जांदे डट

रक्ख्यो चेत्ता सदा सोहनयो रब दा नाम सब तो वड्डा

जवानी मारै जिन्ना वि जोर भक्ति दा रस सब तो मिठ्ठा

काबू जिने किता आप नू नहीं कोई औदे वरगा योद्धा।

Chapter 3

Hindi Story

मित्रता

सावन के महीने में आसमान में घने काले बादल उमड़-उमड़ कर घटा का रूप ले रहे थे। ऐसा प्रतीत हो रहा था जैसे सारे समुद्र का पानी इस घटा के द्वारा यहाँ की सारी भूमि को एक विशाल जलाशय का रूप दे देगा। यह एक शुभ तथा प्रसन्नचित संकेत पलिया गाँव वालो के लिए था लेकिन इसके साथ यह भय भी था कहीं ज्यादा पानी की त्रासदी से गाँव ही न बह जाये। ऐसे में रामरत्न अपने तीन लडको, चार लड़कियों और अपनी पत्नी कमला को साथ लेकर अपने घर की ओर भागा। पहुँचने भर की देर थी कि बादल फट पड़ा और जमकर वर्षा हुई। जहाँ गाँव वालो के मन और मुख पर एक हर्ष की लहर दौड़ गयी वहीं रामरत्न खुश तो था लेकिन उसको चिन्ता थी धान की फसल पकने तक घर में अनाज की।

बरसात थम चुकी थी

लेकिन गाँव की गलियों में पानी ढलान की ओर बह कर तलाब की ओर जा रहा था। रामरत्न ने कमला को गाँव के खाण्डसारी छोटे लाल के पास भेजा।

खण्डसारी छोटे लाल तख्त पर बैठा शराब की मस्ती में झूम रहा था। हालाँकि वह गाँव का प्रधान था, दिल का बहुत साफ और गरीबों की हमेशा मदद करता था। मगर कमला को देख उसका परा चढ़ गया। क्योंकि वह पहले से ही कमला को बहुत अनाज दे चुका था और हर बार कमला उससे यह कह कर अनाज ले जाती थी कि अपना खेत बोने के बाद अपने पूरे परिवार समेत तुम्हारे यहाँ मजदूरी के बदले कुछ ऋण चुका देंगे। "जय राम जी की दद्दा" कमला खाण्डसारी के चेहरे को भांप कर दूर से ही बोले पड़ी और उसके तख्त के पास आकर बैठ गयी। "जय राम जी की" अभी छोटे लाल के मूँह ही था कि कमला बोलने लग पड़ी। इस साल तो बरसात की शुरुआत बहुत

अच्छी हुई है पहली वर्षा से ही सारे खेत पानी से भर गए है। मगर हमें इस वर्षा से क्या लाभ, कमला रूंदे हुए स्वर मे बोली, 'दो बीघे खेत है और इतना बड़ा परिवार दो महीने भी चावल नही चलते समाप्त हो जाते है। दद्दा थोडा गेहू दे देते तो समय कुछ आसानी से कट जाता। और वर्षा भी खूब हुई है हम सारे परिवार समेत "नौ जने है" तुम्हारे यहाँ मजदूरी करके सारा ऋण चुका देंगे। कमला की दर्द भरी विनती से उसका मन एक बार फिर पसीज गया और उसने एक शर्त पर दो बोरे गेंहू देने स्वीकार किया कि अब वह और बच्चों की माँ नही बनेगी।

अगले दिन सुबह रामरत्न अपनी टूटी सी भैंसा गाडी लेकर उसके यहाँ से दो बोर गेंहू लेकर आ रहा था कि उसकी गाडी गली के कीचड में फंस गयी। उसी समय गाँव का एक पुराना प्रधान तोताराम अपना ट्रेक्टर लेकर आ रहा था जो बहुत निर्दयी और गरीबो का शोषण करने में प्रचलित था। इसी कारण वह गाँव का प्रधानी का चुनाव भी हारा था। रामरत्न के सहायता मांगने पर वह और उसके साथी खिल्ली उड़ाते हुए हँसे। "बबुआ बोट डारी छोटे लाल को अऊर सहायता हमसे मांगत" कह कर उसके दोनों बोरे पानी में उलट दिए और गाड़ी को टक्कर लगते हुए आगे निकल गये। इस पर रामरत्न को दुःख तो हुआ ही साथ ही उसको भय भी हुआ कहीं छोटे लाल और तोताराम में संघर्ष न हो जाये। इस बात को सोचते हुए उसने झटपट जैसे तैसे अपने बोरे गाडी पर रखे और यह छुपाने का प्रयास किया कि कहीं इस घटना का किसो को पता न लग जाये मगर फिर भी छोटेलाल के कानो एक बात पहुँच ही गयी। यह सुनकर उसको बहुत गुस्सा आया और वह अपने आदमियों के साथ राइफल लेकर घटना स्थल की ओर दौड़ा मगर इतने में तोताराम अपने साथियों समेत ट्रेक्टर को लेकर अपने खेत की ओर जा चुका था।

कमला ने उन गेंहू को सुखा कर काफी प्रयासों के बाद खाने योग्य बनाया। उसको दुःख तो हुआ ही लेकिन उसको ज्यादा चिन्ता इस

घटना को लेकर दोनों गुटों में संघर्ष के हो जाने की थी। इस घटना के डर से तोताराम के साथियों के समझाने पर तोताराम उस रस्ते से नाहीं लौटा। इससे गाँव के अन्य लोगों को कुछ राहत की सांस मिली। मगर दोनों गुटों में तनाव बराबर था।

सारे गाँव में रौपाई का काम जोरों पर था। रामरत्न और कमला भी अपना दो बीघे खेत रोपने के बाद खाण्डसारी के खेत पर अपने बच्चों समेत उसका ऋण चुकाने में लगे हुए थे। मगर कई सालो से चला आ रहा ऋण एक ही फसल में नहीं चुकाया जा सकता था। खाण्डसारी का रवैया भी रामरत्न के साथ कुछ अच्छा नहीं था क्योंकि उसने उस घटना की तुरंत जानकारी न देकर खाण्डसारी की शान को नाकारा था।

रोपाई का काम खत्म हो चुका था। बादल भी उमड़-उमड़ कर धान की फसल पर ऐसे बरस रहे थे जैसे मित्र की भांति मित्र के मांगने पर अपना सब कुछ त्याग देता है। समय के साथ साथ धान की फसल भी पकने को आ गयी धान की मंजरियाँ भी झुक रही थी। देखते ही देखते फसल पकने पर गाँव में एक अजीब खुशाली थी। सभी अपनी फसल काटने में जुट गये। दिन की कड़ी मेहनत के उपरान्त भी रात को खेत में ही झडाई का काम करते थे। लालाराम, सुमेर और परागे तो अपनी बैलगाड़ियों से कुछ धान घर अपर ढो भी चुके थे। रामरत्न भी अपना धान देख कर खुश था जबकि उसका खेत थोडा था वह धान अपने घर डालकर खाण्डसारी के खेत इ हाथ बटा रहा था।

तोताराम जो की अपने धान ट्रेक्टर पर लादकर को उसी गली से गुजर रहा था जहाँ पर रामरत्न के साथ घटना घटी थी क्योंकि गाँव का बाहर वाला रास्ता पानी होने के कारण ख़राब था यह जान कर तोताराम उसी गली में से ट्रेक्टर लेकर निकलेगा। गाँव के किसानों में एक भय की लहर दौड़ गयी जबकि सारा गाँव धान की खूब फसल होने पर खुश था लेकिन उस संकट को टालने के लिए कुछ नही कर पा रहे

थे क्योंकि गाँव दो गुटों में बंटा हुआ था। रात की चाँदनी का लाभ उठाकर खाण्डसारी रात को अपने मजदूरों से काम करवाते हुए वाही पैड में सो गया था।

अगले दिन सुबह तोताराम जो अपने धान अपने घर की ओर ले जा रहा था उसका ट्रेक्टर ज्यादा भार के कारण उसी जगह बुरी तरह फंस गया जहाँ रामरत्न की भैंसा गाडी फंसी थी। काफी प्रयत्नों के बाद ट्रेक्टर न निकलने पर एक ही रास्ता बचा था की उसको खाण्डसारी के ट्रेक्टर से खीचा जाये मगर लड़ाई के कारण वह ऐसा नही कर सकता था और न ही वह चाहता था। कमला सुबह जब अपने घर से खाण्डसारी के खेत पर काम के लिए निकली तो उसने तोताराम का ट्रेक्टर फंसा हुआ देखा। कमला ने बीती घटना को भूलते हुए तोताराम से सहायता का प्रस्ताव रखा की वह अपने मोहल्ले वालो के साथ उसका ट्रेक्टर निकलवाने के लिए उनको एकत्र कर के लती है। लेकिन तोताराम के बताने पर कि फंसा हुआ ट्रेक्टर केवल ट्रेक्टर से ही खीच कर निकला जा सकता है कमला ने उसको आशवासन दिया कि वह खाण्डसारी के ट्रेक्टर से उसको निलावाने का प्रयास करेगी। तोताराम के मना करने पर भी कमला खाण्डसारी छोटे लाल के खेत पर गयी। कमला ने खाण्डसारी से कहा "यह सही है कि

तोताराम एक अच्छा इंसान नहीं है, वह गरीबो मजदूरो का शोषण करता है और मौके पर सहायता मांगने पर इनकार कर देता है। गरीब मजदूरों पर रौब डालकर शराब पीता हिया लेकिन इसका अर्थ यह तो नही कि हम उसी की तरह हो जाये आखिर वह अपने गाँव का है। यदि दूर किसी गाँव से किसी का ट्रेक्टर माँग कर लायेगा तो इसमें बदनामी तो पूरे गाँव की है न। बाहर के लोग क्या कहेंगे की किसी मुसीबत में फंसे की सहायता भी नहीं कर सकते। और इससे उसको बोरे गिराने वाली घटना को लेकर शर्मिंदगी होगी हो सकता है उसके व्यवहार में कोई परिवर्तन आ जाये।" कमला की बात सुनकर गाँव के और लोग भी हैरान हुए। कुछ उसके कट्टर समर्थको ने कमला

का कड़ा विरोध किया लेकिन खाण्डसारी कुछ देर ख़ामोशी के बाद ट्रेक्टर निकलवाने पर राजी हो गया। खाण्डसारी को ट्रेक्टर पर जाते देख सभी गाँव वाले उसके पीछे हो लिए। ट्रेक्टर से ट्रेक्टर खीचां गया गाँव वालो के साथ रामरत्न ने भी धक्का लगवाया। रामरत्न को धक्का लगते देख तोताराम को उस दिन की याद आ गयी जब उसने रामरत्न के बोरे पानी फेंके थे। तर्क्टोर बाहर निकल आया। रामरत्न खाण्डसारी के इस सहायतापूर्ण कार्य को देखकर उसको मन पिघल गया। सारा दृश्य देखकर ऊसकी आँखों से ख़ुशी के आंसू बह निकले। उसे अपनी गलतियों का एहसास हो गया था। नीचे उतरकर रामरत्न से हाथ जोड़कर उसने क्षमा मांगी और उसे गले से लगा लिया। रामरत्न ने तोताराम को पुराना संघर्ष भुलाकर आपस में मित्रता का प्रस्ताव रखा। उस पर तोताराम खाण्डसारी के पास गया और गाँव वालो के साथ अच्छा व्यवहार करने का आश्वासन दिया। इस पर खाण्डसारी को भी हर्ष हुआ और उसने उसको गले लगा कर उसके मित्रता के प्रस्ताव को सम्मानित किया। गाँव के अन्य सब लोग यह देख कर बहुत खुश हुए और गाँव में अर्से से चली आ रही शत्रुता समाप्त हो गयी और गाँव एक बार फिर प्रगति की और बढ़ चला।

Chapter 4

English Poem

अद्भुत कॉफी — कविता के पीछे की कहानी

यह कविता मेरे इंग्लैंड में बिताए शुरुआती दिनों की यादों से जुड़ी है।

उस समय मेरी अंग्रेज़ी टूटी-फूटी थी,

लेकिन मेरी भावनाएँ बिल्कुल साफ़ थीं।

दफ़्तर में हर दिन एड्रियन मेरे लिए कॉफी बनाता था।

उसकी इस छोटी-सी आदत में मुझे अपनापन और दोस्ती महसूस होती थी।

इसी प्रेरणा से मैंने यह कविता लिखी, जिसका शीर्षक है 'अद्भुत कॉफी'।

मैं हर दिन

एड्रियन को अपनी कविता की दो पंक्तियाँ

ईमेल में भेजा करता था—

किसी बड़े उद्देश्य से नहीं, बस मुस्कान बाँटने के लिए।

यह कविता केवल कॉफी के बारे में नहीं है,

बल्कि उन सरल और सच्चे पलों के बारे में है

जो आपको एक नए देश में भी घर जैसा एहसास कराते हैं।

The Wonderful Coffee

"O' Dear Adrian It's His mercy on all of us
Put taste in servings & keep us all flourish"

On the third day The Lord made the trees"
One of which on earth, is wonderful coffee"

"It's His mystery, put properties in things
While sipping coffee it felt like a King"

"We serve guests as God what they deserve
But making, serving coffee is all full of Love"

"Coffee is an item in menu, which eases tense
Put us in devotion and feel His presence"

"This divine nectar is liked either is it East or West
Angels surrounds the coffee, Adrian your's is the Best"

"Coffee is for all season's weather it is Diwali or Christmas
Its countless virtues are for hapless Jas, is beyond express"

www.ingramcontent.com/pod-product-compliance
Lightning Source LLC
LaVergne TN
LVHW051632071026
849535LV00009BA/3552
* 9 7 8 1 9 1 8 4 7 5 4 1 8 *